LETTRE

A

M. DUVERGIER DE HAURANNE,

SUR

La Convention du 13 Juillet,

ET LA

SITUATION ACTUELLE DE LA FRANCE.

Prix : 1 fr. 50 c.

Paris.

CHEZ TOUS LES PRINCIPAUX LIBRAIRES.

1841.

LETTRE

A

M. DUVERGIER DE HAURANNE,

Sur la Convention du 13 Juillet

ET LA

Situation actuelle de la France.

J'ai lu, Monsieur, ce que vous avez écrit le mois dernier sur *la Convention du 13 juillet et la situation actuelle de la France*. Après cette lecture, une chose m'a d'abord frappé : la disproportion des moyens immenses que vous employez avec l'effet assez restreint que vous voulez obtenir. Votre intention est claire ; on peut la dire très franchement. Homme de parti, vous avez voulu faire une œuvre de parti. Adversaire du cabinet actuel, vous avez voulu élever contre lui un programme d'opposition. Votre attaque se concentre sur un point unique : la convention du 13 juillet. Vous vous attachez à établir que cette convention, loin d'être un succès dont il puisse se glorifier, est au contraire un échec dont on doit lui demander compte. Pour cela, vous dénaturez les circonstances, le caractère, le résultat de la négociation.

1

La vérité sera rétablie. Jusque là, du moins, vous restez dans le cadre naturel de la question.

Mais vous en sortez bientôt de la manière la plus étrange. En regard de ce prétendu échec diplomatique vous faites apparaître tout ce que vous avez trouvé de désastreux pour la France dans les événemens d'un demi-siècle... En présence de cette convention de juillet, vous évoquez toutes les défaites et tous les traités qui nous ont atteints dans notre puissance. On se demande si vous allez prendre la défense du présent, en opposant, à ce qui serait de simples déconvenues diplomatiques, les grandes infortunes du passé. Un gouvernement serait peu jaloux d'être défendu par de telles comparaisons, et à l'aide de souvenirs si douloureux pour la patrie. Mais vous ne défendez pas, vous accusez. Vous voulez dire qu'un pays, auquel on a tant ôté, ne peut plus abandonner, même moralement, un pouce de terrain ; que ses anciens revers sont des engagemens de revanches ; et que, plus grandes ont été nos pertes depuis cinquante ans, plus est coupable le cabinet actuel d'avoir laissé périr entre ses mains ce que vous regardiez comme une occasion de les réparer.

Quel grand et triste appareil d'argumentation ! et que c'est aller chercher les griefs à des sources affligeantes ! Mais vous abusez même de ce moyen extraordinaire au point de le détruire ou de le tourner contre vous. Pour exagérer apparemment la faute que vous attribuez au cabinet, vous avez cru devoir exagérer les pertes de la patrie. Vous arrivez à nous faire une France si réduite dans ses forces et ses influences, qu'en vérité, pour cette France-là, se relever de son abaissement, ce serait une chose encore plus impossible que nécessaire. De telle sorte que, si le ministère actuel, ce qui n'est pas, avait en effet cédé quelque chose aux étrangers, vos désolantes hyperboles sur notre prétendue déchéance, loin d'aggraver les torts de sa faiblesse, en deviendraient, au contraire, l'explication et l'excuse.

Je vais donc montrer dans cette réponse qu'autant, sur la question spéciale, il y a de différence entre vos assertions et les faits, autant, sur la question générale, il y a de contradiction entre vos moyens et votre but.

Quelques mots d'abord sur le caractère de votre discussion. C'est à partir de 1836 que vous avez retiré au gouvernement de juillet votre appui énergique et passionné. C'est à partir de cette époque, qu'avec la même passion et la même énergie, vous l'accusez de perdre au dehors toutes les positions qu'il avait prises, et de sacrifier son influence auprès de tous les gouvernemens connus dans l'Ancien et le Nouveau-Monde. Vrai ou faux, le mal était en grande partie consommé, à vos yeux, avant le 29 octobre. Je vois même que le cabinet actuel, de votre propre aveu, est sur le point de réparer, en Grèce et en Suisse, les fautes commises par ses devanciers. Comment donc ce cabinet, paraissant avoir une moindre part dans les torts que vous déplorez, en a-t-il une plus grande dans vos attaques ? Qu'a-t-il donc fait, dans cette fatale question d'Orient, pour être traité de la sorte ? Un acte, un seul, dont on puisse rejeter exclusivement sur lui la responsabilité. Il a fait cesser l'isolement de la France, et avec l'isolement le mécontentement de la France.

Quoi! c'est par là que tout est perdu! Vous rappelez,

en effet, cette parole prononcée à la tribune, à savoir :
que le mécontentement de la France était la dernière
valeur qui lui restât entre les mains. Parole cent fois
plus humiliante pour la nation que tout ce dont vous
accusez le cabinet. Non, ce pays-ci n'en est pas venu à
ce point que, pour venger sa dignité compromise, il ne
lui reste plus que cette bizarre et stérile ressource :
bouder le monde entier et ne rien faire. Non, le cabinet
qui a quitté cette position n'a pas livré la dernière valeur
de la France; il en a plutôt reçu une des mains de
l'étranger, s'il n'a abandonné son isolement que parce
que l'Europe est venue à lui; s'il n'a abandonné son
mécontentement qu'après avoir obtenu de l'Europe une
double satisfaction. Or, c'est positivement ce qui a eu
lieu et ce qui sera prouvé.

Et d'une telle négociation on ferait une sorte d'appen-
dice aux traités de 1815 !

Oh ! certes, quiconque juge ainsi la conduite du cabinet, ne la juge pas par les résultats ! Pour dénaturer
à ce point un acte politique, il faut une méthode d'appréciation moins franche, moins nette; cette méthode
sophistique et chicanière, qui consiste à épiloguer sur
les détails de l'exécution; à comparer, par exemple, les
prétentions toujours variables mises en avant dans le
cours d'une négociation avec sa conclusion finale; à op-
poser ce qui s'est dit à ce qui s'est fait; à trouver une
contrariété entre les effets qui sont tout, et les moyens
qui sont peu de chose. C'est ainsi, Monsieur, que votre
imagination Construit une échelle descendante, dont la
politique de la chambre, ou, si l'on veut, celle du ministère actuel, aurait, par des abaissemens successifs,

parcouru tous les degrés. Ces degrés, vous les formez avec les notes des différens ministères et de l'étranger, avec des discours prononcés à la tribune par tels et tels, toutes choses dites à des phases très-diverses d'une situation mobile, et dont vous faites néanmoins des engagemens irrévocables pour le pouvoir. Alors vous comparez les actes aux paroles; vous rapetissez les uns et vous grandissez les autres; et, en augmentant ainsi la valeur des prétentions, en diminuant celle des résultats, vous établissez une différence considérable des exigences aux satisfactions. Quand on procède de cette manière pour juger la conduite d'un gouvernement, on fait tout simplement de la polémique; on ne fait pas de la politique.

Arrivons, quoi qu'il en soit, à prendre corps à corps vos assertions et vos argumens. Dans cette politique descendante que vous inventez pour notre humiliation, vous marquez deux points principaux, et pour me servir de l'expression d'une dépêche citée par vous, deux *défilés* où le gouvernement français aurait, si j'ose parler ainsi, laissé plusieurs lambeaux de son honneur :

Le premier, celui par lequel le gouvernement passe de la politique égyptienne, qui semblait devoir être la politique d'action, à la politique de l'isolement, à la politique de la paix ou de l'inaction armée;

Le second, celui par lequel il passe de la politique de l'isolement à la politique du concert européen.

Voilà selon vous, Monsieur, les deux degrés parcourus par la politique du gouvernement. Vous les faites cadrer toujours pour les besoins de notre honte, avec les deux prédictions de lord Palmerston : l'une portant que la

France laisserait faire les Anglais ; l'autre qu'après les avoir laissé faire, la France reviendrait à eux. Cet injurieux rapprochement n'est motivé que par la triste manie de dénigrer. On va le voir.

Cherchons d'abord à quelle adresse vont les deux accusations dont il s'agit ? Qui est-ce qui a abandonné la politique égyptienne, pour celle de l'isolement, et soi-disant réalisé par là la première prédiction du ministre anglais ? Selon vous, c'est la Chambre, malgré le ministère du 1er mars.

Erreur de fait !

Qui est-ce qui a abandonné la politique de l'isolement pour celle du concert européen, et soi-disant réalisé, par là, la seconde prédiction du ministre anglais ? Selon vous, c'est le ministère du 29 octobre, malgré la Chambre.

Erreur d'interprétation !

Une fois pour toutes, finissons-en avec ces prédictions de lord Palmerston, qui vraiment pèsent trop lourdement sur des cœurs français ? Il est incroyable, Monsieur, que vous teniez tant à établir comment un ministre étranger nous a tracé [d'avance les étapes de notre honte.

Si ce ministre nous eût en effet poussés sur ce chemin du déshonneur, quels hommes donc y eussent fait les premiers pas ? Vos amis du 1er mars ! Grâce au ciel ils n'ont pas commis cette indignité. Ils ont jeté fièrement à cet injurieux oracle du *Foreing Office*, la note du 8 octobre, qui n'était pas assurément une déclaration de *laisser faire*. Devant cette note est tombée la première prédiction de lord Palmerston. Et avec la première la seconde. N'en parlez plus. Selon l'énergique expression de M. Guizot : *cela est honteux à dire et honteux à entendre.*

Cependant la France a armé, dites-vous, et elle ne s'est pas servie de ses armemens ; elle a menacé et n'a pas donné suite à ses menaces. Elle a cru devoir assister sans mot dire *aux coups dont l'artillerie anglaise battait la puissance égyptienne et la nôtre.* Est-ce là ce que vous appelez le passage de la politique d'action à la politique d'expectative en armes ou d'isolement? Mais alors à qui la faute, si c'est une faute? Vous accusez la Chambre, y pensez-vous? La Chambre ! Est-ce qu'elle n'était pas dispersée quand les murs de Beyrouth et de Saint-Jean-d'Acre tombaient sous les canons de l'amiral Stopford? Qui tenait alors entre ses mains les destinées de la France ? C'était le ministère du 1er mars, que vous avez soutenu, que vous défendez encore après sa chute, comme un ministère énergique et national. Ce ministère, et non la Chambre, a été seul, au moment des événemens de Syrie, en position de saisir au vol cette occasion d'agir, qui fuit toujours si vite, et dont on a dit que la peine de l'avoir perdue était de ne la plus retrouver. Je ne prétends point qu'il ait eu tort de ne point agir. Je rappelle qu'il ne l'a pas fait. Il a réservé le cas de guerre pour l'Égypte. Mais si la note du 8 octobre était, ce qui n'est pas, une déviation de la politique égyptienne, cette déviation était le fait du cabinet et non de la Chambre.

Dans la discussion de l'adresse, plusieurs orateurs ont cependant blâmé M. Thiers de n'avoir pas fait assez. M. Dufaure, qui a sur la marine des idées tout opposées à celles de M. Thiers, a déploré l'inaction dans laquelle on avait tenu la flotte. M. de Lamartine, qui a sur la Syrie tout un système qui ne manque pas de grandeur, mais que les événemens n'ont pas permis de réaliser, s'est écrié que du 8 octobre était « le Waterloo de la diplomatie. » Cela était vrai à son point de vue, puisque la Syrie était perdue. Mais ces discours ne prouvent pas, selon moi, que la politique de la note ne fut pas conforme à la politique égyptienne ; mais ils prouvent que l'initiative de cette politique appartenait au ministère, et point du tout à la Chambre.

Qui ne se souvient, en outre, des éloquentes explications données par le chef du cabinet du 1er mars, sur les motifs qui l'avaient déterminé, ainsi que ses collègues, à rappeler la flotte : « La présence de la flotte sur le théâtre des événemens était, disait-il, un cas de guerre possible, et leur conscience avait reculé devant l'idée d'exposer leur pays à une guerre effroyable, sans consulter ses organes légaux. La Chambre fut bien loin de voir dans cette conduite un sujet de blâme ; elle n'avait pas été en mesure de la conseiller ; mais elle s'y associa. Il lui parut que si à la voix de la France les quatres cabinets coalisés s'arrêtaient sur la limite posée dans la note du 8 octobre, la puissance de l'Égypte serait sauve, et l'honneur de la France sauf ; et que c'était là le double but de la politique égyptienne.

A la vérité le cabinet du 1er mars, peu de jours avant sa chute, avait mis en avant l'idée de l'armement complet. Je ne pense pas que cet armement eut pour but d'aller au delà de la politique écrite dans la note du 8 octobre ; mais le cabinet du 1er mars n'avait pas cru assez à la puissance de son *ultimatum*. Il voulait mettre neuf cent trente mille hommes là où la parole de la France devait suffire. Plus tard, après sa chute, le cabinet du 1er mars déclara, il est vrai, que son intention était de demander aux puissances quelque chose au delà de la note. Mais comme en toute négociation on demande généralement plus pour avoir moins, la Chambre trouva singulier que le ministère du 1er mars eût demandé moins pour avoir plus. Elle s'en tint à la politique écrite que le ministère du 1er mars d'abord, et après le ministère, la Chambre, avaient considérée comme l'exécution loyale de la politique égyptienne.

Or il résulte de ces faits, Monsieur, deux conséquences très importantes parfaitement contraires à vos assertions.

La première, c'est que si ce qu'on appelait la politique égyptienne devait être une politique d'action immédiate, si c'était abandonner cette politique que de faire ses conditions, d'attendre et de s'isoler tout en armes au lieu d'agir, si c'était là franchir le premier degré de cette échelle descendante par laquelle vous représentez les prétendus abaissemens successifs de notre politique ; cette transition était l'œuvre, non de la Chambre ou du ministère actuel, qui l'un et l'autre avaient trouvé le fait accompli, mais des ministres du 1er mars qui avaient laissé le fait s'accomplir.

La seconde, c'est que, d'après la politique officielle du 1er mars, si la note du 8 octobre est exécutée, il y a satisfaction raisonnable pour les intérêts du pacha et pour l'honneur de la France, sans même que nous soyons obligés d'obtenir ce quelque chose de plus, ce supplément vague, indéterminé, dont le cabinet du

1ᵉʳ mars et ses amis ne se sont avisés qu'après coup.

Nous voici donc entrés dans la politique d'isolement, non par le fait de la Chambre, malgré le ministère du 1ᵉʳ mars, mais par le fait de ce dernier, avec l'adhésion ultérieure de la Chambre.

Voyons maintenant si, comme vous le dites, le cabinet actuel nous a fait sortir de l'isolement malgré le vœu formel de la Chambre. C'est ici, selon moi, l'erreur d'interprétation. Pour abandonner cette situation avec dignité, vous prétendez que dans les intentions bien arrêtées du parlement, il fallait deux conditions : d'abord l'exécution entière de la note du 8 octobre, et ensuite quelque chose de plus. En quoi consiste ce quelque chose? vous ne le dites pas. Vous n'en savez rien. M. de Lamartine voulait, lui, qu'on *brisât le cercle de fer*, c'est à dire la coalition, et qu'on obtînt en outre *l'indépendance ou l'émancipation de la Syrie*. De la part de cet orateur, rien de plus naturel que ce noble vœu. M. de Lamartine n'aurait pas ce beau talent si plein de cœur et d'âme, sans cette forte et consciencieuse attache à ses sentimens et à ses idées. M. de Lamartine a sur l'Orient une politique qu'on peut appeler syrienne; mais, il l'a reconnu lui-même, ce n'est pas celle de la majorité.

Lui seul a précisé ce qu'il voulait en sus de la note du 8 octobre complètement exécutée. Comment conclure ce que voulait la Chambre de ce qu'elle n'a pas dit? Évidemment, l'interprétation que vous donnez à son silence est arbitraire. Voici, toutefois, votre argumentation; vous dites : « La Chambre a déclaré vouloir maintenir la politique d'isolement, au moment même où M. Guizot déclarait à la tribune que la note du 8 octobre était exécutée à la considération de la France. Donc la Chambre voulait autre chose que cette note. » La conclusion n'est rien moins que rigoureuse. Remarquez bien que M. Guizot faisait part à la Chambre de la confiance où il était que la volonté de la France serait accomplie.

L'exécution de la note était alors une extrême probabilité, mais point un fait. Quelle dignité y eût-il, je le demande, si la Chambre se fût hâtée de renoncer à la politique d'isolement sur le premier indice de conciliation? on aurait cru qu'elle avait peur de sa propre attitude.

Le même fait a eu lieu lors du rapport de M. Jouffroy sur les fonds secrets. M. Jouffroy, qui avait fixé à cinq ou six ans la durée possible de l'isolement, faisait néanmoins tellement dépendre des circonstances, le maintien ou l'abandon de cette politique, que trois mois après, il croyait le moment venu où la dignité de la France était compatible avec son retour dans le concert européen. M. Jouffroy savait l'état des négociations, et il en concluait que la politique de l'isolement avait été suffisamment *bien tenue et bien exploitée,* puisqu'elle avait produit son effet. La Chambre persista à maintenir son attitude, et elle fit bien. Pourquoi? est-ce parce qu'elle voulait obtenir plus que ce qu'on avait demandé? Vous le croyez et c'est là votre erreur, car la Chambre aurait fait connaître sa volonté. Une Chambre ne présente pas à un gouvernement ses vœux ou ses injonctions sous forme d'énigmes. Elle ne lui dit pas : j'exige pour l'honneur de notre pays que vous obteniez de l'étranger tout ce que je vous ai dit, et puis quelque chose encore que je ne vous dis pas. Tel eût été cependant le sens étrange de son vote d'après votre interprétation. Ce vote a un sens tout naturel. Quand on a pris pour négocier une position de garantie et de sûreté vis à vis de son adversaire, on ne la quitte qu'après une conclusion officielle et authentique. C'est ce qu'a voulu faire la Chambre; y a-t-il une signature? je fais cesser l'isolement; n'y en a-t-il pas? je le maintiens. Et il n'y en avait pas alors. La Chambre devait donc agir comme elle a fait. Par la fermeté de son attitude, elle donnait au gouvernement un nouveau moyen de négociation. Voilà véritablement ce que signifie cette séance, dans laquelle on a cru trouver une condamnation anticipée de la convention du 13 juillet. L'adhésion ultérieure de la Chambre prouvera, je n'en doute pas, qu'on a mal compris ou qu'on a feint de mal comprendre ses intentions.

Je répète, en résumant cette partie de la discussion :

Le cabinet du 1ᵉʳ mars a cru que la note du 8 octobre couvrait suffisamment les intérêts du pacha et l'honneur de la France, sans quoi il l'eût faite autrement.

La Chambre croyait sur ce point la même chose, sans quoi elle eût dit au gouvernement ce qu'elle exigeait au delà de cette note.

Conséquemment le cabinet du 29 octobre pouvait honorablement négocier, à la condition d'obtenir toute la note, et cela sans tromper le vœu de la Chambre, dût-il n'obtenir rien de plus. Il a obtenu davantage, et je le prouverai. Vous dites, vous, Monsieur, qu'il n'a pas même obtenu l'indispensable. Voyons vos preuves.

Pour que la note du 8 octobre soit exécutée, deux choses, dites-vous, sont nécessaires : l'une que le pacha d'Égypte soit grand vassal de l'empire turc ; l'autre qu'il doive bien positivement cette situation à l'influence de la France. J'en demeure d'accord. Eh bien ! ce qu'il est aujourd'hui, nous le doit-il ? Je prends les faits. Les alliés exercent en commun des mesures de contrainte contre le pacha. La France ne s'est pas encore interposée. Les murs de Beyrouth et de Saint-Jean-d'Acre s'écroulent sous les batteries de la flotte anglaise. La France parle alors, et prend Alexandrie sous sa protection. Les alliés s'arrêtent, et le pacha est respecté dans Alexandrie. Quoi ! vous ne voudrez pas convenir que cette suspension soudaine d'hostilités poussées jusqu'alors avec tant de violence, puisse être l'effet de la considération qu'on a pour votre pays ? En aucune façon. Vous tirez de là cette conclusion patriotique : si les alliés se sont arrêtés, c'est qu'ils ne voulaient pas aller plus loin. Prenez garde, vous attaquez encore par cette parole vos amis du 1er mars ; vous leur répétez *qu'ils n'ont enfoncé qu'une porte ouverte.*

Cela est faux, et je les défends encore contre vous. La preuve que cela est faux, c'est qu'à peine la note du 8 octobre lancée, lord Palmerston élève dans sa réponse du 2 novembre, contre le principe de notre protection, un principe tout contraire. Mais, que dis-je ? cette réponse de lord Palmerston devient une arme entre vos mains ; vous soutenez que rien n'a pu se faire par la note du 8 octobre, attendu que cette note a été déchirée par la réponse de lord Palmerston. Cette note déchirée par une argumentation ! Vous plaisantez..... Monsieur, quand une nation dit à quatre autres : « Si vous allez là je fais la guerre ! » un pareil ultimatum ne se déchire pas avec une plume, mais bien avec du canon. Ce n'est pas à Londres qu'on devait déchirer la note du 8 octobre, c'est à Alexandrie. On ne l'a pas fait, cela dit tout.

Je vais plus loin. Supprimez, par supposition, cette réponse du 2 novembre. Alors, de la part des puissances il n'y a pas d'opposition patente à la note du 8 octobre; et si la note s'exécute, vous pouvez soutenir que c'est leur volonté qui s'est faite, et non la nôtre. Mais dès que cette réponse existe, l'opposition des puissances à la note du 8 octobre est déclarée. Si la note s'exécute, il devient impossible de nier que ce ne soit notre volonté qui s'est faite et non la leur. L'argument tiré de la réponse du 2 novembre est mal choisi.

Reste à savoir si le pacha d'Égypte, tel que l'a fait le hatti-schériff du 1er juin, ressemble au pacha tel que la note du 8 octobre le voulait faire. Naturellement vous le niez. Au lieu d'être un grand vassal héréditaire de l'empire, il n'est aujourd'hui à vos yeux qu'un pacha ordinaire, qu'une espèce de préfet. Ne parlons plus de l'hérédité, qui le tire complètement de pair entre tous les plus hauts dignitaires de la Turquie. Vous mentionnez ses attributions: il n'y en a pas une qui ne lui donne le caractère exceptionnel que vous lui refusez, et ne lui ôte ce caractère subalterne que vous lui prêtez. Ah! c'est un simple pacha, une espèce de préfet, à votre avis? Savez-vous un pacha qui ait des troupes à lui, des vaisseaux à lui? qui nomme des officiers jusqu'au grade de colonel, et qui lève des impôts? Depuis le hatti-schérif de Gulhané, un pacha est ce qu'est chez nous le com-

mandant d'une division militaire. La situation de Mé-
hémet ressemble-t-elle à celle-là ?

Il est vrai que le hatti-schériff de Gülhané l'oblige à
renoncer aux monopoles ? Mais ne sait-on pas qu'il s'é-
tait déjà engagé à y renoncer, lors du traité de commerce
conclu entre la Turquie et l'Angleterre. Seulement il
demandait du temps, il en demande encore, et on lui
en accorde. Il est vrai que le nombre de ses troupes est
limité, qu'il paie le tribut; mais c'est là ce qui consti-
tue la position d'un vassal. Ajoutez des droits à ceux qu'il
a, il ne sera plus un prince vassal, il sera un prince
indépendant; et la note du 8 octobre n'a jamais réclamé
l'indépendance pour le pacha, pas plus que le pacha ne
l'a réclamée lui-même.

Personne n'ignore d'ailleurs que les restrictions ap-
portées à son pouvoir, restrictions qui, loin de détruire
sa position de prince vassal, la constituent, sont loin
d'être en fait ce qu'elles sont en droit; que la réduc-
tion de son armée est pour lui une source de richesse
et non d'affaiblissement; qu'il peut, quand il le voudra,
ajouter des milices à ses troupes régulières, en sorte que
sa puissance légitimée est à peu près égale réellement
à ce qu'était sa puissance d'usurpation, et qu'elle a de
plus la garantie du droit; car, d'après l'aveu de M. Thiers
lui-même, la possession de la Syrie était pour le pacha
une question de vanité; sa vraie force est en Égypte, et
il la garde, et elle est héréditaire, et c'est une incroyable
dérision de prétendre que le sultan pourrait, sur la première infraction, mettre Méhémet-Ali à la porte de son
pachalick héréditaire, comme un propriétaire irlandais
met son fermier à la porte de sa ferme. On conviendra

du moins que, pour exécuter une pareille mesure contre son puissant vassal, le sultan aurait besoin d'avoir à son service un traité de juillet. Or, si ce traité n'existe plus, comment fera-t-il ? Comprend-on déjà que ce soit quelque chose que l'abolition du traité de juillet ?

J'arrive ainsi, Monsieur, en prenant les faits dans leur stricte vérité, à des conclusions contraires aux vôtres. Ce qu'est aujourd'hui le pacha, il l'est par la grâce de la France, et il est exactement ce que la note du 8 octobre voulait qu'il fût. Ainsi cette note est réalisée dans ses deux conditions essentielles, qu'on peut résumer ainsi : le but égyptien atteint par un moyen purement français. Une seule chose n'est pas accomplie par le hatti-schériff du 1er juin, à savoir, les commentaires que vous ajoutez après coup à la note du 8 octobre, commentaires qui tendraient à faire du pacha, non plus un prince vassal de l'empire, mais un prince indépendant, un véritable roi d'Égypte ; ce à quoi ceux qui connaissent l'Orient et Méhémet-Ali, savent que ce dernier n'a jamais prétendu.

Si donc l'isolement avait pour but d'obtenir l'accomplissement de la volonté signifiée aux quatre cabinets par l'ultimatum de la France, le but atteint, le cabinet pouvait avec honneur faire cesser l'isolement. Mais, répétez-vous, cette première concession ne suffisait pas, on devait exiger quelque chose de plus ; qui a dit cela ? Ce n'est pas à coup sûr le cabinet du 1er mars qui, comme gouvernement, poussait ses prétentions au delà de ses volontés écrites. Ce cabinet croyait au contraire la note du 8 octobre tellement importante, que, pour la faire prévaloir, il se disposait à armer six cent trente mille hommes et trois cent mille gardes nationaux. On a obtenu le résultat à moins de frais. Cela, je pense, ne lui ôte pas de son prix.

Je vais maintenant admettre avec vous, après avoir prouvé le contraire, que la concession faite au pacha par la grâce de notre influence, n'était pas suffisante pour motiver notre retour dans le concert européen. Vous vouliez autre chose sans savoir quoi. Eh bien! soit. Le cabinet actuel est en mesure de vous répondre. A la satisfaction pour l'Égypte, il ajoutera une satisfaction pour la France. Seulement n'appelez pas cette dernière une compensation ; appelez-la un supplément pour être juste.

Ceci nous mène à la convention du 13 juillet. M. Thiers, comme vous le rappelez, en a fait la prétendue histoire, dans la séance du 13 avril, histoire de fantaisie, puisée entièrement dans les journaux étrangers, et à laquelle M. Guizot a reproché beaucoup d'inexactitudes, se faisant fort de les démontrer plus tard. Sur le fond de la convention, M. Thiers était exact. Elle a en effet pour but unique de régler le passage des détroits. La teneur en était connue. La dénégation de M. le ministre des affaires étrangères ne portait pas sur ce point, elle s'appliquait à des détails de très haute gravité sur lesquels M. Thiers était parfaitement mal informé.

Et d'abord, le hatti-schériff du 1er juin, vous en conviendrez, n'était pas connu le 13 avril. M. Thiers prophétisait que, du futur hatti-schériff, il ne sortirait pour le pacha qu'une hérédité illusoire. Or il en est sorti, comme cela est surabondamment prouvé, cette grande principauté héréditaire et vassale, demandée par M. Thiers lui-même

dans la note du 8 octobre. Cette inexactitude là valait
bien sans doute une promesse de rectification ; car selon
que ce résultat était ou n'était pas obtenu, il était ou
n'était pas honorable de négocier avec l'Europe.

Autres inexactitudes de M. Thiers. M. Thiers a parlé
d'une foule de propositions avortées sur l'intégrité de
l'empire, sur la Syrie, sur l'Isthme de Suez, toutes
choses d'imagination érigées en préliminaires ridicules
du traité, et il n'a pas dit un mot des préliminaires vé-
ritables qui constituent la dignité de la négociation ; car,
il faut le dire, le convention du 13 juillet tire, pour une
bonne partie, son importance des paroles et des actes
qui l'ont précédée. Ainsi M. Thiers était inexact et dans
ce qu'il disait et dans ce qu'il ne disait pas. Les rectifi-
cations seront données sans doute plus au long à la tribune par M. le ministre des affaires étrangères. Mais vous
pourriez, je crois, déjà le reconnaître, c'est une nouvelle inexactitude de soutenir que les faits accomplis depuis ce débat, sont venus confirmer les assertions de
M. Thiers, et infirmer les dénégations de M. Guizot.

Je passe à l'examen de la convention, et, avant tout,
à ces honorables préliminaires dont j'ai parlé. M. le ministre des affaires étrangères avait prévu que la transaction opérée en Égypte à la satisfaction de la France, ferait naître dans beaucoup d'esprits, chez nous et en
Europe, l'idée d'un rapprochement. En conséquence de
cette prévision, il avait muni son habile agent à Londres, d'instructions très précises pour le cas où la question se présenterait. On va voir quelle attitude ce ministre tant attaqué faisait tenir à son gouvernement. Voici,
sauf les termes, les trois conditions dont M. de Bour-

queney avait reçu l'ordre formel de ne se point départir. Elles fixaient la position de la France dans toute négociation à intervenir :

1° LA FRANCE ACTUELLEMENT ISOLÉE NE S'OFFRE A PERSONNE ; ELLE ATTEND QU'ON VIENNE A ELLE. SI ON LUI DEMANDE SON CONCOURS, ELLE AVISERA.

2° LA FRANCE DÉCLARE QUE, SI ELLE CROIT DEVOIR RENTRER DANS LES CONSEILS DE L'EUROPE, SUR LA DEMANDE QUI LUI EN SERAIT FAITE, ELLE ENTEND Y RENTRER SANS RECEVOIR AUCUNE CONDITION.

3° LA FRANCE, AVANT D'ENTRER EN NÉGOCIATION, ATTEND QUE LE TRAITÉ DE JUILLET SOIT DÉCLARÉ ÉTEINT ; QU'IL N'EXISTE PLUS.

Voilà le langage. Je vous le demande, Monsieur, est-ce là le langage d'un gouvernement qui n'ait pas la conscience et ne donne pas aux autres une grande idée de ce qu'il vaut ? Et les choses se sont passées comme elles étaient prescrites. C'est l'Europe qui est venue à nous. Le ministre avait pressenti qu'on pourrait nous demander le désarmement. Il veut que notre pays reste maître de maintenir ou changer à son gré le pied de son armée de terre et de sa flotte. Il n'accepte pas de condition, et on ne lui en fait pas. Il en fait et on les accepte. Avant toute négociation les quatre cabinets se réunissent et déclarent le traité de juillet anéanti.

Le traité de juillet n'existe plus : ce traité dans lequel on a vu tout à la fois une persécution contre notre allié et une coalition contre la France ; ce traité dans l'exécution duquel ses quatre auteurs se sont arrêtés devant l'ultimatum d'un opposant tout seul ; ce traité qui n'a pas été accompli, puisqu'il a été modifié, les

puissances, sur notre demande, le déclarent, ce qu'il
n'est pas, elles le déclarent accompli. Et ce n'est pas là,
Monsieur, une concession pour la France. — Une concession ! vous écriez-vous. Mais c'est une nouvelle honte !
Mais ce que le ministère nous donne pour une satisfaction est une insulte ! Mais ce traité qui avait deux buts,
celui de pacifier l'Orient et celui d'humilier la France
dans l'humiliation du pacha, son allié, n'a atteint que
ce dernier but ; et ainsi cette déclaration que le traité
est accompli, signifie seulement que l'humiliation de
la France est accomplie ; et enfin le cabinet du **29** octobre vient nous présenter comme un titre d'honneur le
certificat de ses affronts.

Voilà, Monsieur, comme vous interprétez cette déclaration qui fait tomber le traité de juillet. Ah ! jamais le
génie de l'interprétation judaïque ne s'est élevé à cette
audace ! Il y a dans ce sophisme une invention de déni-
grement qui confond. Une invention, ai-je dit ? L'invention n'est cependant que dans la forme. Au fond, c'est
toujours le même vieux thème d'accusation cent fois ré-
futé par tous les documens et tous les faits. On souffre
de vous suivre en tant de redites, et il faut pourtant
vous suivre. Encore une fois donc, je répète : Non, nous
n'avons pas été humiliés, car nous étions seuls contre
quatre, et on s'est arrêté à notre voix. Non, nous n'a-
vons pas été humiliés, car nous avons fait respecter
l'ultimatum pour le soutien duquel vous demandiez
neuf cent mille hommes. Non, nous n'avons pas été humiliés, car Méhémet-Ali n'est ni humilié ni faible comme
vous le croyez. Et à ce propos je ne vous dirai pas que
vous soyez plus Égyptien que le pacha d'Égypte ; mais je

vous dirai que le pacha d'Égypte est plus Français que beaucoup de Français, en ce sens du moins qu'il rend plus de justice à la France. Moi qui vous parle, j'ai vu de ses lettres, de ses lettres confidentielles ; je vous le proteste, il traite le gouvernement français tout autrement que vous ne le traitez.

Revenons, revenons à l'interprétation sincère et loyale de cette importante déclaration signée par les puissances : le traité de juillet est épuisé, éteint; il n'existe plus.

Je ferai d'abord remarquer ceci : la transaction honorable obtenue par la note du 8 octobre avait apporté une modification profonde au traité du 15 juillet, mais elle ne l'avait pas détruit. Les puissances pouvaient le garder en réserve comme un moyen tout prêt pour les éventualités de l'avenir. De son côté, sans doute, la France eût alors gardé en réserve la pensée et les moyens de résistance. Ceux qui croient, comme vous, Monsieur, que le *statu quo* de l'Orient n'est nullement garanti par les dernières mesures, devaient trouver une certaine gravité dans cette situation. Qu'une complication nouvelle vînt à surgir en Orient, le traité de juillet, n'étant pas déclaré accompli, pouvait être appliqué. Aujourd'hui il ne le serait plus, à cause de cette déclaration contre laquelle vous protestez. La France ferait entendre sa voix dans les conseils de l'Europe, et elle aurait, pour faire prévaloir ses idées, l'autorité que lui donneraient les complications nouvelles nées de la marche précédemment adoptée par les puissances, contre son avis.

C'est donc quelque chose d'important que cette abolition du traité de juillet. Mais, disons tout, n'a-t-on

pas vu dans le traité une coalition contre la France? Eh
bien! le traité éteint, la coalition est dissoute. Voilà le
véritable sens de cette déclaration. Peut-on nier qu'un
tel acte ait une portée immense? Est-ce que *le cercle de fer*
dont parlait M. de Lamartine n'est pas brisé? A moins
de vouloir qu'il ne fût brisé à coups de canon, comment
concevoir un moyen plus digne? car, enfin, nous avons
dit dans quelle attitude la France se présentait à la négociation, elle n'accordait rien et elle exigeait une condition. Si ce n'est pas là rentrer dans les conseils de
l'Europe *le drapeau levé,* quel est donc le sens des mots?
Si vous ne voulez pas voir là cette *concession notable* dont
vous parlez toujours sans la définir jamais, convenez
que c'est étrangement abuser de l'avantage de n'avoir
pas d'idée, et de la facilité qu'on se donne à se montrer
exigeant, quand on ne sait pas ce qu'on demande.

Ainsi, quoi que l'esprit de parti puisse dire, du **29**
octobre au **12** juillet, deux grands faits sont réalisés par
le ministère : dans l'intérêt de l'Égypte, l'exécution de
la note du 8 octobre, c'est à dire une profonde modification au traité des quatre cabinets, c'est à dire la puissance héréditaire du prince vassal fortement constituée;
dans l'intérêt de la France, le protocole du 12 juillet,
signé par les quatre cabinets, c'est à dire l'abolition de
leur traité, c'est à dire la coalition dissoute. Ces deux
concessions *notables*, remarquez-le, elles sont acquises
avant que la France ait fait un seul acte d'accession au
concert européen. Désormais elle y peut entrer le front
et le *drapeau levés*. Il lui sera permis de ne pas se montrer
difficile sur la valeur européenne de la convention qu'elle
signera le lendemain ; car elle a reçu des gages et elle

n'en a pas donné ; car elle sait ce qu'on ne fera pas en
Orient, et on ne sait pas ce qu'elle fera chez elle ; car
on a désarmé diplomatiquement, et elle ne s'est pas
obligée à désarmer militairement. Moins la convention
à intervenir aura de portée, plus il sera démontré, non
pas combien la France avait à cœur de donner son concours aux puissances, mais au contraire combien ces
puissances avaient à cœur de l'obtenir. Il ne faudra plus
dire, comme vous faites, que nous voulions à tout prix
mettre notre signature à côté de la leur, mais bien plutôt qu'elles voulaient, non pas à tout prix, mais fût-ce
à un prix *notable*, mettre la leur à côté de la nôtre.

Voyons cependant ce que vaut en elle-même cette
convention du 13 juillet. Vous l'attaquez très vivement ;
mais en tant de manières contradictoires, qu'on ne sait,
en vérité, comment la défendre contre vous. Vous dites
qu'elle fait trop et qu'elle fait trop peu ; vous dites
qu'elle est une garantie que nous donnons généreuse-
ment à l'Angleterre en retour de sa défection, et vous
dites qu'elle ne garantit rien ; vous dites qu'elle était un
article du traité de juillet inséré par l'habile Angleterre
pour stipuler le prix de son alliance avec les Russes,
et que nous l'aidons à se faire payer ; puis, vous démon-
trez que ce prix est nul. Quand vos objections ne se dé-
truisent pas l'une par l'autre, elles s'adressent à tous les
cabinets, moins un, aussi bien qu'à M. Guizot. Si, par
exemple, le protocole du 13 juillet, convention spéciale
destinée à consacrer l'indépendance des détroits, affai-
blit le principe général du droit européen au lieu de le
fortifier, c'est la faute de tous les cabinets aussi bien
que celle de M. Guizot. Si cette convention, en se substi-

tuant au traité d'Unkiar-Skelessi , invalide les protesta-
tions de l'Europe occidentale contre ce traité , c'est la
faute de tous les cabinets aussi bien que celle de M. Guizot. Oh ! alors , quand on attaque à la fois tant d'hommes
d'État éminens qui président aux destinées de ce monde,
eût-on votre talent , Monsieur , on ne blesse personne.
En supposant que M. Guizot se soit trompé , vous devez
convenir qu'il l'a fait en savante compagnie.

Et enfin , pour répondre à une autre objection du
même genre contre le dernier protocole, si le protectorat
exclusif des Russes sur l'empire turc tient à leur proxi-
mité de Constantinople, à leur position sur la mer Noire ;
s'il n'est donné , ni à un traité d'Unkiar-Skelessi d'y
ajouter une garantie, ni à une convention du 13 juillet
d'y ajouter un obstacle, ceci c'est la faute de la nature
beaucoup plus que celle de M. Guizot, beaucoup plus
que celle de personne.

Je ne veux rien dissimuler. Vous faites observer avec
raison que, pour protéger l'indépendance de la Turquie,
il eût été beaucoup plus efficace d'ouvrir les détroits que
de les fermer. Constantinople eût été placée alors sous
la surveillance immédiate de toutes les marines. C'était
la politique du 12 mai ; mais, à l'époque de l'alliance
intime avec l'Angleterre , qui a, faites-y bien attention,
un plus grand intérêt que nous à l'efficacité de cette
surveillance. Si la convention du 13 juillet eût fait cela,
c'est alors que vous auriez accusé le cabinet d'avoir chè-
rement payé à l'Angleterre sa défection. La convention
du 13 juillet ne fait pas tant ; elle fait quelque chose
néanmoins qui n'est pas sans importance. Elle est, s'il
faut marquer son vrai caractère, une garantie morale

pour le maintien de l'indépendance turque et de la paix en Orient. Vous vous récriez qu'alors le ministère veut maintenir le *statu quo*. Pourquoi ne l'avouerait-il pas ? Cet aveu ne signifie pas, entendez-le, qu'il approuve les moyens employés d'abord par les quatre cabinets pour régler les affaires d'Orient. Ces moyens ont été concertés sans la France et contre elle, si vous voulez ; mais la France s'est bientôt interposée pour en suspendre l'exécution, et l'exécution en a été suspendue ; et maintenant, loin qu'elle ratifie par le nouveau protocole l'emploi qui en a été fait par le passé, ce sont les quatre cabinets qui déclarent y renoncer pour l'avenir. Quant au *statu quo* il n'est pas constitué, comme vous le prétendez, contre la France. Elle y a mis grandement la main, et c'est le cabinet du 1ᵉʳ mars qui a eu l'honneur de cette initiative ; la France consent donc volontiers à la durée de ce *statu quo*. Vous vous plaignez de la voir engagée à prendre parti contre quiconque le troublerait. Croyez-le bien, cet engagement collectif aura long-temps une efficacité préventive, et le cabinet du 29 octobre est loyal et sincère dans la politique de la paix.

De rechercher après cela quelles alliances spéciales pourront naître entre la France et tels et tels cabinets, par suite de la nouvelle situation, ce serait vouloir prophétiser. Je ne vous suivrai pas dans ces hypothèses. En attendant que certains cabinets contractent de nouvelles alliances, il y en a une qu'ils étaient impatiens de briser, celle qu'ils avaient formée contre nous. Vous pensez néanmoins que toutes ces puissances seront toujours prêtes à rentrer dans une coalition. C'est votre conviction, je le veux bien, mais au moment où elles ont mis tant de hâte à en sortir, la conjecture manque au moins de quelque à propos ; car, encore une fois, c'est à la France qu'elles ont fait les avances et les concessions ; et véritablement, à ne les point accepter, il y eût eu de la folie.

Cette conduite que le cabinet a tenue et qu'il ne pouvait pas ne pas tenir, elle vous afflige. Vous y voyez l'abandon de la politique d'isolement, comme vous avez vu dans cette dernière l'abandon de la politique égyptienne ; et vous déplorez ces démentis successifs que la France s'est donnés à elle-même en présence du monde entier. Quelle préoccupation inexplicable dans un esprit tel que le vôtre ! Consolez-vous donc, Monsieur ! la France n'a rien rétracté, rien démenti ; elle n'a abandonné ni la politique égyptienne, ni la politique d'isolement ; elle a profité du progrès logique des situations qu'elle avait prises ; elle a recueilli le fruit naturel de ses bonnes décisions. Là où vous voyez des contradictions, il n'y a que des conséquences. Ainsi, je le déclare à l'honneur des ministres du 1er mars, la note du 8 octobre était pleinement dans la politique égyptienne. Si cette note a amené l'expectative armée, l'isolement, au lieu d'amener l'action, à quoi cela a-t-il tenu ? A ce que la parole de la France a suffi, et qu'il n'a pas fallu des actes. Ainsi, de la politique d'isolement : on ne peut pas dire que la politique du concert européen y fut comprise. Les mots s'excluent ; mais celle-ci était la conséquence logique de celle-là : l'une menait forcément à l'autre. Comment alors se plaindre d'avoir abandonné le chemin parce qu'on est arrivé au but. Pardon, Monsieur, mais je me figure un homme à qui l'on dit de ne pas quitter telle route qui doit le conduire à tel endroit où il doit aller. Il ne quitte pas la route et il arrive ; et, arrivé, naturellement il quitte la route, et il se reproche de l'avoir quittée.

Certainement l'isolement était bon en soi, si bon qu'il a réussi. Mais l'isolement était un moyen. Encore ne fallait-il pas se passionner pour ce moyen, au point d'oublier le résultat. N'est-ce pas ce que vous semblez faire ? L'isolement vous paraît être une situation si bonne, que vous vous arrangez pour la rendre en quelque sorte stable et définitive. Vous inventez une sorte d'isolement mixte, où on serait absent et présent tout à la fois, occupé de toutes choses et de rien, mécontent sans trop le paraître. Cette politique de fantaisie pourrait se définir par ces mots : l'isolement sociable, l'inaction affairée, et le mécontentement de bonne grâce. Je n'oublie pas la gravité du sujet, mais je tâche à faire sentir le vague de la pensée par la contradiction de la formule.

Je suis, quant à moi, pour l'isolement *bien tenu et bien exploité*, comme parlait M. Jouffroy. L'isolement tel que l'a pratiqué le cabinet actuel a eu ce caractère. De là son succès. Il va sans dire que vous contestez ce succès-là comme tous les autres. A vous entendre, le ministère a eu peur de son attitude, et il l'a quittée. Vous racontez même comment les puissances s'y sont prises pour faire tomber la France dans le piége, ou pour l'effrayer. Par malheur, vos romans diplomatiques se contredisent. Tantôt la Prusse et l'Autriche, trompant la France par des démonstrations faussement amicales, la ramènent par le fallacieux espoir d'une alliance intime au concert européen, et lui font prendre une mystification pour un succès. Tantôt, au contraire, ces mêmes puissances, conjointement avec les deux autres, intimident le gouvernement par la menace d'une alliance défensive. Il faudrait choisir : a-t-on procédé par les caresses ou par la menace ? Je ferai remarquer seulement que l'idée d'effrayer la France isolée par une alliance défensive est bien étrange. La grande nouvelle qu'on aurait donnée là au gouvernement ! Est-ce que l'alliance défensive n'est pas comme une partie intégrante de toute coalition ?

Il ne vous suffit pas d'ailleurs d'attaquer la situation actuelle dans ses causes, vous l'attaquez dans ses effets. Cette situation n'est peut-être, dites-vous, que l'isolement en dedans substitué à l'isolement en dehors. Cela pourra bien arriver un jour sous des cabinets de votre goût, c'est à dire des cabinets jaloux de susciter des divisions en Europe. Eh bien ! l'isolement en dedans vaut bien l'autre pour cette manœuvre. M. de Talleyrand était isolé en dedans quand il a divisé à son profit tout le congrès de Vienne. Il faut seulement se donner la peine d'être habile. Mais le cabinet actuel ne cherche pas à diviser le monde. Il n'est pas pour la politique aventureuse des revanches ; il ne pense pas que la France en ait à prendre. Il a la confiance que la France ne sera pas isolée dans les conseils où on a beaucoup fait pour la rappeler. Tout ce qu'il peut y avoir d'avantages dans le retour au concert européen reste donc entier.

J'ai parcouru tous vos griefs contre le cabinet du 29 octobre, et de cette discussion je puis, je crois, faire sortir victorieuses les conclusions suivantes :

Il n'y a pas eu trois politiques : l'une égyptienne,

l'autre d'isolement, la troisième dite du concert européen.

Conséquemment le cabinet du 29 octobre ne nous a pas fait reculer ou descendre successivement de l'une à l'autre.

Il n'y a qu'une politique ayant pour but l'honneur et les intérêts de la France, et elle s'est modifiée en raison de ce qu'elle obtenait, diminuant sa force quand diminuaient les résistances.

La note du 8 octobre a été acceptée par le cabinet, et elle a été exécutée toute entière.

Le pacha d'Égypte est tout ce que cette note voulait qu'il fût : et il est cela par l'influence du gouvernement français.

La note exécutée, rien ne disait que la Chambre fût décidée à maintenir l'isolement, et le cabinet l'a maintenu.

Le cabinet a eu deux concessions au lieu d'une : la première pour l'Égypte, par le hatti-schériff du 1ᵉʳ juin ; la seconde pour la France, par le protocole qui anéantit le traité de juillet.

Le cabinet, pour sortir de son isolement, n'a pas été au devant de l'Europe : l'Europe a été au devant de lui.

Il n'a pas approuvé par sa signature les moyens employés par les quatre puissances en Orient.

Les quatre puissances ont renoncé à ces mêmes moyens pour l'avenir.

Pour rentrer dans le concert européen, il a fait des conditions et on les a reçues ; il n'a pas voulu en recevoir et on ne lui en a pas fait.

La convention du 13 juillet est au moins une garantie morale donnée à l'indépendance de l'empire turc et à la paix de l'Orient.

La rentrée du gouvernement dans le concert européen n'est pas la substitution de l'isolement en dedans à l'isolement en dehors, et on peut recueillir de cette rentrée tous les avantages qu'elle comporte.

Le Pacha d'Égypte sait ce qu'il doit à la France, et notre influence est toute vivante à Alexandrie.

Le sultan a reconnu par les résultats la sagesse du gouvernement français et sa véritable sympathie pour l'empire; et notre ambassadeur a repris un rôle actif et puissant à Constantinople.

Voilà les actes, voilà les résultats acquis par une politique calme et ferme, sans moyens extraordinaires et sans perte d'honneur. Voici en regard ces mêmes faits défigurés par l'imagination de l'homme de parti.

Cette politique qui se modifie en raison des avantages qu'elle obtient, est, selon vous, une politique qui recule en raison des obstacles qu'on lui oppose ou de la peur qu'elle ressent;

Le succès de l'isolement devient l'abandon de cette attitude;

L'exécution de la note du 8 octobre cesse d'être l'effet de notre énergique réclamation, et n'est plus que l'effet d'une tolérance magnanime, consentie par les quatre cours;

L'abolition du traité de juillet, prononcée par les puissances, se traduit en une sanction donnée par la France à ce traité;

Les avances de l'Europe au gouvernement français

sont à la fois de décevantes flatteries et d'injurieuses menaces ;

En un mot, pas une concession stipulée à notre profit, qui ne se convertisse sous votre main en une atteinte portée à nos intérêts et notre honneur.

Vainement toutes les correspondances d'Orient viennent-elles constater la position d'influence reconquise à Constantinople par notre ambassadeur, conservée à Alexandrie par notre consul. Vous niez tous les témoignages ; car il vous paraît impossible, le traité de juillet ayant, à votre avis, désorganisé l'empire turc, que le sultan ne préfère pas de beaucoup les puissances qui ont fait cette désorganisation, à la puissance qui a voulu l'empêcher complètement par le concours de tout le monde, et qui l'a empêchée, en grande partie et sur le point le plus important, par son action isolée.

Comme de même il vous paraît impossible que le pacha ne préfère pas de beaucoup les puissances qui lui ont enlevé la Syrie, à la puissance qui lui a conservé l'Égypte.

C'est avec cette manière de voir et de raisonner que la France vous apparaît humiliée par le cabinet actuel, en tous les lieux où s'est agitée cette affaire d'Orient ; humiliée à Constantinople ! humiliée au Caire ! humiliée à Londres ! Il n'y eut donc jamais un cabinet si coupable ! Eh ! mon Dieu ! vous n'accusez pas moins ses prédécesseurs : vous leur faites même une part plus grande, sinon dans vos attaques, au moins dans votre affligeante statistique. A partir de 1836, ces prédécesseurs, s'il faut vous en croire, ont affaibli ou perdu l'influence de la France : en Italie, en Suisse, en Espagne, en Portugal, en Grèce, dans l'Amérique du Sud et l'Amérique du Nord. On peut même dire que vous ne justifiez pas complètement la politique des premières années qui ont suivi 1830. Dans cette première période, si vous convenez qu'on a gagné de l'influence, vous regrettez cependant qu'on ait affaibli la révolution, en se refusant, par modération et par sagesse, l'emploi de la propagande révolutionnaire, et vous en êtes presque au repentir d'avoir contribué si énergiquement vous-même à éteindre cette redoutable torche enflammée par les deux bouts. Ainsi, la politique de ces onze années se divise en deux moitiés : dans la première, pertes de force révolutionnaire ; dans la seconde, perte d'influence. Toujours des pertes à votre compte ! et toujours par suite de cette même pensée et de ce même fait : avoir voulu maintenir, et avoir maintenu la paix.

Ah ! Monsieur, que les ennemis du gouvernement de Juillet, ces ennemis divisés sous tant de drapeaux, et réunis par la même haine, doivent triompher de votre langage ! car c'est le leur ; et ce n'est pas sans doute pour eux une médiocre satisfaction de voir l'un des plus ardens, parmi les anciens conservateurs, parler de ce gouvernement comme ils en parlent eux-mêmes depuis onze ans.

Qu'ils ne s'imaginent pas cependant trouver dans votre écrit des argumens pour leur cause. Légitimistes, républicains, impérialistes, quelle que soit la couleur de ces ennemis, ils vont avoir leur tour dans vos accusations rétrospectives. Révolution de 89, empire, restauration, que chaque époque prenne sa part dans vos plaintes et vos revendications ! Rendez-moi, leur criez-vous, mes colonies, rendez-moi mes flottes ; rendez-moi mes territoires !

Prenez garde que vous vous en prenez ici à une époque de bien longues guerres. Qu'il me soit permis de montrer rapidement cette étrange contradiction dont je parlais en commençant.

Homme de parti ! votre intention, je m'imagine, est de nous faire détester le système de la paix suivi par le gouvernement actuel, et vous nous rappelez à ce sujet les grandes infortunes que nous a causées le système de la guerre. Vous invoquez ainsi des souvenirs qui sont tout à la fois une douleur pour la France, et un argument contre vous. Et il ne vous suffit pas de nous montrer la France humiliée et affaiblie, vous nous montrez encore nos adversaires agrandis et fortifiés, pour nous encourager apparemment, aujourd'hui où vous prétendez qu'ils sont plus forts et nous plus faibles, à tenter des épreuves dans lesquelles nous avons succombé à une époque où ils étaient plus faibles et nous plus forts.

Mais je laisse de côté cette inconséquence, de vouloir faire condamner le système pacifique, en rappelant les calamités dont un système belliqueux a été la source ; et cette autre inconséquence, de demander à un pays des actes de force au nom d'un affaiblissement qui, en le supposant réel, serait l'impuissance. Je veux montrer que là encore vous n'êtes pas exact dans l'appréciation des faits, que vous n'êtes pas moins injuste envers le passé qu'envers le présent, pas moins injuste envers la guerre qu'envers la paix. Oui, nous sommes sortis de nos guerres révolutionnaires avec des pertes de territoires, mais non pas avec des pertes de forces, si ce n'est l'é-puisement momentané qui suit les longues luttes, et

qui nous était alors commun avec toutes les nations de
l'Europe. Je dis que si le sol national a perdu quelque
chose en étendue, il doit à la révolution de 89 d'être for-
tifié par une plus grande cohésion entre ses parties. Je
dis que cette révolution a complété cette magnifique
homogénéité de la France, admirable élément de résistance et d'action qui n'existe, comme chez nous, dans
aucun pays de l'univers. Je dis ensuite que cette révolution, représentée dans l'un des plus puissans génies qui
aient fait l'admiration des hommes, nous a donné plus
de force par les prodiges d'héroïsme dont elle a rempli
le monde, qu'elle ne nous en a ôté par les pertes terri-
toriales dont cette gloire a été suivie.

Car, il faut bien le reconnaître, ces grands souvenirs
sont encore aujourd'hui une valeur entre nos mains et
un moyen de négociation. S'ils provoquent des coalitions
contre la France, ils servent aussi à les dissoudre; s'ils
font naître des traités de juillet, ils aident d'abord à
les faire profondément modifier, puis après à les détruire. L'Europe sait, en effet, de quoi les Français sont
capables. Et c'est l'honneur du gouvernement actuel
d'avoir compris qu'un peuple auquel on a vu faire de
telles choses dans la guerre, avait le droit de chercher
ses moyens d'influence dans la paix ; que chaque époque, chaque gouvernement a son mode d'action ; que
l'état de paix, source de développement pour la richesse
et la culture intellectuelle, profiterait à la France, en
aidant à faire fructifier, sous l'influence d'une atmosphère
sereine, ces innombrables germes d'idées françaises
que nous avons semés dans toute l'Europe. Cette influence par les idées est, pour un pays, un instrument de
force plus sûr qu'un accroissement de territoire. Que

faut-il pour féconder au dehors ces semences libérales qui doivent peu à peu nous assimiler les peuples ? Donner au monde le spectacle d'une liberté bien réglée et laisser agir cette légitime et pacifique propagande. C'est pourquoi la politique d'ordre et de conservation au dedans est la vraie politique d'influence à l'extérieur.

Cette politique, hélas ! elle a reçu une redoutable atteinte l'année dernière. La France, agitée par son propre gouvernement, a tressailli toute entière à l'idée d'avoir une terrible réparation à demander par les armes ; on lui a fait croire que le seul moyen de l'obtenir était la guerre ; elle l'a obtenue par l'influence. De là tant d'accusations contre le pouvoir. Les hommes de parti disent à la France qu'elle ne peut pas être satisfaite, car cette réparation n'a coûté de grands malheurs ni à elle ni au monde. Ils irritent ainsi et les esprits et les cœurs, et, plus qu'ils ne le pensent eux-mêmes, ils contribuent à faire éclater en dangereuses collisions les restes d'une agitation qui va s'éteindre. Cela est triste, et il est triste aussi, Monsieur, de distinguer entre ces voix des partis, une voix telle que la vôtre. Mais il faut accepter ces douleurs attachées aux gouvernemens libres. La liberté a ses labeurs et ses périls. Gardons-nous de l'en aimer moins. Les citoyens d'un État libre ont besoin de se rappeler souvent cette belle parole mise, par un grand écrivain des temps modernes, dans la bouche d'un grand homme des temps anciens : « Quel que doive être le prix de cette noble liberté, il faut bien le payer aux dieux. »

*****

Paris, le 5 octobre 1841.

IMPRIMERIE D'ÉD. PROUX ET Cᵉ, RUE NEUVE-DES-BONS-ENFANS, Nᵒ 3.

9 782014 059793